ÉRIC **SERRES**

SPORTS ALTERNATIFS, SPORTS D'AUJOURD'HUI

ACTES SUD JUNIOR / Agence pour l'Education par le Sport

LE SENS DU SPORT

une collection dirigée par Jean-Philippe Acensi
et Olivier Villepreux

DANS LA MÊME COLLECTION :

Football made in Afrique

Créée en 1996, **l'Agence pour l'éducation par le sport** est une organisation militante en réseau qui s'est fixée pour mission d'aider les personnes à se faire une place dans la société, de construire de nouvelles formes de savoir dans l'éducation par le sport partageables avec d'autres secteurs, de développer la reconnaissance du sport éducatif, social et citoyen.
contact@apels.org

Photos de couverture : © Getty Images/Mike Harrington

Éditrice : Isabelle Péhourticq
Maquette : Christelle Grossin
 • ISBN 978-2-7427-8707-4
Loi 49-956 du 16 juillet 1949 sur les publications destinées à la jeunesse

www.actes-sud-junior.fr – www.apels.org

ÉRIC **SERRES**

SPORTS ALTERNATIFS, SPORTS D'AUJOURD'HUI

Les sports mentionnés sont définis dans le lexique.

Introduction

Une fin de repas. Au coin d'une table, deux journalistes sportifs discutent, un verre à la main. Leur échange tourne autour de la définition de ce que l'on peut dénommer "sport" ; ils se demandent notamment si les sports alternatifs, le surf, le snowboard, le rollerskate et toutes les activités qui se sont développées dans la deuxième moitié du XXe siècle entrent dans cette catégorie.

Les deux journalistes ont chacun leur spécialité : l'un alimente les pages football d'un grand hebdomadaire, l'autre écrit sur ces fameux sports "alternatifs" (dont le ski freestyle et freeride, le snowboard, le surf...) pour un quotidien généraliste.

Le premier met en avant un argument qu'il pense irréfutable : "Ce que tu appelles sports alternatifs ne sont pas des disciplines olympiques ! Ils ne peuvent pas être considérés comme du sport."

Le second rétorque : “Si je suis ton raisonnement, le rugby, qui n’est plus olympique depuis des lustres, n’est donc plus un sport, le golf non plus. En revanche, des disciplines comme le snowboard, présent aux Jeux olympiques de Nagano en 1998, et le skiercross, qui sera à Vancouver en 2010, sont olympiques et donc peuvent être considérés comme des disciplines sportives.” Un instant pris de court, le spécialiste du football tente d’affiner son raisonnement : “Oui, mais on ne peut parler de sport que s’il y a un entraînement quotidien, de la souffrance, de la répétition à outrance, des compétitions, un classement. Ce sont des sports sérieux qui ont une tradition. Il n’y a rien à voir entre des footballeurs qui s’entraînent tous les jours et des snowboarders qui font la fête.”

En effet, cela n’a rien à voir, si ce n’est que ces derniers s’entraînent eux aussi assidûment…

Contre-culture au sport classique

Dans les années 1960, à la suite d’un mouvement initié sur la côte Ouest des États-Unis, de jeunes sportifs veulent se démarquer du sport élitiste qui symbolise une forme d’éducation visant le bien-être de l’individu, et qui correspond à la devise “Un esprit sain dans un corps sain” entretenue au sein des universités dans les pays anglo-saxons, puis largement reprise en France par l'État. Pour parvenir à identifier le sport en tant qu'activité à part entière, divers ministères, fédérations, associations... vont le codifier à l'extrême. Ils vont modeler une référence culturelle en termes de performance et de réussite, qui sera très vite relayée par les médias, la télévision notamment. La télédiffusion joue un rôle important dans cette façon de concevoir le sport comme un produit de la société. Ce "corps sain" n'est plus celui qui s'accomplit dans la seule réalisation de soi ou d'un bien-être, quels que soient son niveau ou sa valeur. Ce sont les résultats et les records qui désignent la qualité d'un sportif de haut niveau. Avec la professionnalisation et l'économie qui en découle, le dopage, le rythme des compétitions, l'aspect ludique et gratuit du sport a été relégué au second plan.

Le sérieux du podium

Depuis qu'un certain Pierre de Coubertin en a édifié les fondements olympiques avec son "Plus vite, plus haut, plus fort", le sport quantifié est devenu la pierre angulaire de l'activité et personne ne semble vouloir revenir sur ce culte de la performance. Tout le monde s'est fait à l'idée qu'il ne peut y avoir de sport sans "premier, deuxième, troisième".

Cette philosophie colle parfaitement à notre société, dans laquelle tout pousse à la performance plus qu'à l'épanouissement, et à suivre des règles plutôt qu'à les inventer soi-même. Il faut être efficace et réussir, quels que soient les dégâts que cela entraîne. Tout ce qui sort de cette définition et donne une image trop désinvolte de l'activité physique est rejeté.

Denis Rey, skieur alpin, est passé au début des années 1990 au freeride par déception. Il résume la différence de mentalité entre le sport traditionnel et les disciplines alternatives où règne une plus grande indépendance du sportif : "J'aurais aimé continuer la compétition en ski alpin encore un peu, mais comme je revenais d'une blessure au genou, ils ont voulu me faire passer par des sélections qui avaient lieu à l'automne. Là, pas un seul fabricant n'a voulu me prêter de matériel. J'ai senti toute l'ingratitude de ce milieu, qui pourtant m'avait accueilli à bras ouverts quelques années plus tôt."

Denis Rey dénonce cet élitisme :
"Aujourd'hui, je vois des jeunes skieurs tellement formatés qu'ils sont meilleurs quand ils ont des piquets devant eux que quand ils se retrouvent face à un espace vierge de poudreuse. Ils ne pensent qu'à la compétition et finissent par oublier qu'ils évoluent en plein

air dans un milieu naturel où il ne devrait pas y avoir de contrainte."

On trouve bien dans l'apparition et la vogue des sports alternatifs la volonté de libérer le sportif de ses obligations de résultat. Cette différence de philosophie fait s'opposer les tenants du sport "orthodoxe" aux sportifs ayant choisi de s'émanciper et qui courent le risque d'être considérés parfois comme des marginaux. Il suffit pour le constater de parcourir les magazines sportifs qui, comme *L'Équipe*, seul quotidien sportif français, ont du mal à traiter des sports alternatifs.

La question est de savoir pourquoi, malgré cette image négative colportée par le plus grand nombre et les médias, de plus en plus de jeunes délaissent de "si nobles sports" afin de rejoindre le clan des rebelles en tee-shirt et pantalon baggy. Alors que les sports traditionnels, à force de publicité, croulent sous les billets et tentent de se positionner en entonnoir à talents absorbant les rêves d'une certaine jeunesse pour le plus grand bénéfice du spectacle, des originaux préfèrent courir l'aventure, le plaisir, la vie de bohème et vivoter de leur passion.

Plaisir contre mérite

Un peu partout dans le monde, des jeunes s'adonnent à ces nouvelles activités où la recherche du plaisir domine celui de rencontrer la performance. Le plaisir est facile d'accès et c'est bien ce que reproche le monde de l'olympisme à ces disciplines. "Dans le motocross j'ai pu ressentir de l'adrénaline juste en le pratiquant. Dans les sports collectifs, explique Karim Amour, vététiste de renommée mondiale, tu ne l'as qu'en cas de victoire. Or nous, même quand on revient d'une compétition sans avoir gagné, on a toujours des souvenirs personnels."

Chapitre 1

Une autre définition du sport

Sports tout-terrain

En France, après le surf importé des États-Unis à la fin des années 1960, début 1970, le funboard, le kitesurf, le “stand up paddle” et autres activités nautiques sont apparues ces dernières années sur la côte basque. Dans les Pyrénées et les Alpes, les disciplines alpines classiques sont dorénavant concurrencées par le freeride, le skiercross, le snowboard, mais aussi le speedriding, toutes les formes d’escalade, le VTT de descente, le base jump… Dans les grandes villes, les jeunes skaters, rollerbladers, mais aussi les adeptes de l’art du déplacement prennent le mobilier urbain comme structure de jeu et d’expression corporelle. Si on y ajoute les sports issus des cours de récréation et la danse hip hop (avec le double dutch par exemple), il est peu de lieux où l’on ne croise pas ces nouveaux pratiquants de sports hybrides dont les règles ne sont pas écrites dans le marbre.

Ces sports se pratiquent en effet souvent hors du cadre fédératif. Parfois, même, ils s'opposent à la loi qui tente de les empêcher d'exister : "En réponse aux plaintes des riverains exaspérés par les nuisances sonores, des arrêtés municipaux interdisent la pratique du skate en dehors des espaces réservés : à savoir les skateparks. Les contrevenants risquent une amende de 75 à 900 francs, voire une convocation devant le tribunal. Démonstration à Paris, aux abords du Luxembourg, où un jeune skater devra passer devant le juge pour « jeux dangereux sur la voie publique ». À Paris, la mairie a recouvert de sable les bassins de la tour Eiffel qui étaient sans doute l'un des spots français les plus connus au monde pour les courbes et la qualité du revêtement. Vidés une fois par an, les bassins étaient un lieu de rendez-vous couru des skateurs… et redouté des pouvoirs publics, uniquement préoccupés par les « dégradations matérielles »." (*L'Humanité*, juillet 1998).

Les rapports avec les institutions

En France, la reconnaissance officielle tarde à venir. Bernard Nieuwaert, chargé de mission, tente de faire prendre conscience au ministère des Sports des enjeux sociaux et sportifs de ces nouveaux sports. "Ces pratiques jeunes « marginales » représentent aujourd'hui près d'un tiers des activités sportives. On ne peut passer à côté." Son travail de sensibilisation n'est pas facilité par l'incompréhension et la résistance des instances sportives classiques qui ont du mal à accepter ces nouvelles activités physiques. "Cela ne veut pas dire pour autant que l'État ne peut rien faire. D'abord parce qu'il faut la garantie d'une pratique sécurisée. Souvent on ne cautionne pas à cause de la dangerosité de ces sports ; on a vu qu'à Évry il existe une formation mise en place pour les sports de rue, un encadrement, etc. Ça prouve bien que s'il y a une volonté politique d'aménager la ville, le mobilier urbain pour mettre à profit l'expérience des yamakasi, c'est possible."

Pour Bernard Nieuwaert, il n'y a pas incompatibilité entre cette philosophie sportive et la traditionnelle. Le suivi de ces disciplines peut amener des subventions, des emplois, des formations jusqu'à la constitution éventuelle d'un réseau national. Cette reconnaissance des institutions doit être incitée.

Sur le plan sportif, beaucoup de ces sports sont en divorce avec les fédérations qui les excluent. C'est le cas du tennis-ballon qui dispose d'une fédération internationale mais qui n'est pas intégré ni par la Fédération française de tennis ni par la Fédération française de football. On peut élargir au roller-freestyle ou au BMX qui refusent les programmes fédéraux de compétitions. Trop de fédérations refusent d'évoluer avec les désirs du monde extérieur.

Pour certains, cela peut se résoudre à l'échelle locale. À petite échelle, par un travail sur le long terme, on peut s'approcher de ces pratiques. De plus, par leur potentiel transversal, celles-ci permettent d'amener à en découvrir d'autres, voire à intégrer un club.

Pour réduire le fossé, il faut souvent convaincre un acteur clé du milieu qui accepte de participer. Ainsi à Saint-Malo, le street golf a fait son apparition dans les quartiers, et d'autres ont découvert le beach soccer où joueurs licenciés et adeptes du football de rue se côtoient.

Des activités symboliquement rebelles

Toute une partie de la jeunesse sportive se détourne des institutions traditionnelles ou, tout du moins, jongle entre les deux. "Un jour alternatif, un autre classique." C'est un peu la devise qui prédomine à ce jour. Elle confirme les qualités d'adaptation de ces nouveaux sports à l'environnement. Pour les adolescents, ils représentent plutôt une manière de dépasser une crise d'identité.

Ces pratiques définissent de nouvelles manières d'appréhender le sport, où l'esthétique, les jeux du corps sont des créations fugaces. "Dans nos sports il y a le plaisir du geste abouti", explique Karim Amour. La gestuelle, les sensations ressenties, le fait de toujours repousser ses propres limites sont le moteur de l'activité. Aller de plus en plus haut sur les sauts par exemple : la notion de danger et l'excitation qu'elle provoque suscitent une attirance. Cette recherche du danger ne naît pas particulièrement du désir d'impressionner les autres. Cet appel à l'adrénaline est purement individualiste. Le gain d'émotion est pour soi-même.

"Il y a différentes façons de pratiquer le sport !" Dans cette affirmation on pourrait déceler une amorce de revendication. Pourtant, les pratiquants, pour la plupart, demeurent dans l'esprit sportif : "Du moment que tu mets de la concentration et de l'énergie pour arriver à réaliser quelque chose de pur, cela reste un sport. Faut être ouvert d'esprit." Certes, aujourd'hui, il y a parfois des vainqueurs, mais là n'est pas l'essentiel ; nombreux sont les champions de ces disciplines qui n'ont été confrontés qu'à eux-mêmes.

Chapitre 2

Le refus de la compétition

De nouvelles "compétitions"

Comme tous les hommes, ceux qui glissent éprouvent le besoin de se mesurer, de savoir qui est le meilleur. Et pourtant, ils entretiennent une relation conflictuelle avec le monde de la compétition. Pour la glisse, tout est différent car elle possède un ingrédient particulier : l'aléatoire. Cela ne cadre pas avec mètres et chronomètres. Comment évaluer une courbe ?

Laird Hamilton sur la vague

Dans les années 1970, les fondements de la compétition furent âprement remis en question. Si vous parliez à un surfeur de fédération, de mise à l'eau minutée, il vous regardait comme si vous sortiez tout droit du centre de la Terre. Laird Hamilton, le plus connu d'entre eux, n'a jamais pris part à une compétition officielle : "L'idée de succès ou d'échec selon les résultats m'importe peu. Avoir gagné, avoir battu un adversaire, est-ce le plus important ou est-ce le plaisir d'avoir réalisé ce que l'on avait à faire qui est important ? Moi je suis satisfait si j'ai pris une bonne vague, si j'ai fait du mieux que je pouvais. Parfois il m'arrive de sortir de l'eau mécontent parce que j'ai raté une vague et qu'il n'y en aura pas deux comme elle. Je peux aussi être déçu parce que je me suis fait mal." Le surfeur arbore deux cicatrices au bas du visage, souvenir du nez de sa planche qui, un jour, l'a transpercé de part en part au large de la plage d'Ho'okipa sur l'île d'Hawaï.

Longtemps, ce qui a différencié une compétition classique d'une compétition "alternative" était infime. Dans les deux cas, il fallait un gagnant et des perdants, sinon à quoi bon s'affronter ? Ces compétitions ont d'ailleurs, dans un premier temps, imité ce qui existait déjà. Par exemple, le snowboard et le funboard ont appliqué des schémas déjà vus dans d'autres disciplines. Le funboard n'a pas hésité à emprunter à la voile son format de compétition : des parcours olympiques balisés par des bouées autour desquelles tournaient les concurrents.

Le snowboard, afin de se faire une place sur les pistes, va emprunter une voie identique. Un léger regard vers le trop sérieux grand frère skieur, et les rebelles de la neige s'engouffrent dans la formule du slalom avec des portes. Un grand classique qui va se développer et qui continue d'avoir du succès. Mais la philosophie de ces disciplines met toujours en avant la liberté de la pratique, l'action ludique et l'exploration des espaces vierges comme but ultime. Hugo Verlomme et Alexandre Hurel l'évoquent dans leur livre *Fous de glisse* : "Ces piquets dont la glisse était sortie, voilà que le snowboard les réintroduit. Slalom, slalom géant, le système permet de déterminer un vainqueur. Mais parmi les professionnels, tous savent et disent que l'âme du snowboard restera dans la poudreuse et dans la quête des grands espaces." Le débat fait donc rage. Faut-il revenir à l'état d'esprit originel ou singer les autres pour se faire une place au soleil ?

Les exemples de plus en plus nombreux démontrent que les formats longtemps copiés sont sur le point d'être remplacés afin de mieux correspondre à la philosophie véhiculée par ces sports.

Dans *Génération glisse*, Alain Loret, professeur à l'université de Rouen, montre que cette question a toujours existé : “Cette volonté de sortir d’une logique compétitive trop classique va bientôt amener la revue *Wind Magazine* à proposer ses propres normes de compétition.” Elle prépara ainsi le terrain à certaines initiatives inédites qui conduisirent en 1987, par exemple, les organisateurs du grand prix de l’Almanarre (une épreuve française de funboard) à rejeter toute forme de réglementation pour atteindre le véritable esprit fun. En opposition et en réaction à toute l’histoire du sport au cours de laquelle la règle fut constamment partie prenante du jeu sportif, le jury de cette course prôna une seule contrainte : on ne porte pas réclamation.

Trois ans plus tôt, la compétition, déjà, prenait une nouvelle tournure : la revue lança dès 1984 un nouveau concept compétitif plus approprié au fun : le défi. La différence fondamentale entre le défi et la compétition classique est, dans le premier cas, l’absence de règle établie. Le défi est très proche du jeu, c’est une confrontation sauvage… Le premier Défi Wind opposa un Australien et un Néo-Calédonien sans raison bien précise. “Juste pour voir lequel dégainait le plus vite…”

L’une des conséquences non négligeables de ce genre d’épreuve, c’est qu’elle échappait aux autorités sportives.

À la “perf” chronométrée ou mesurée (distance parcourue, hauteur passée, nombre de points marqués), de nouveaux modes d'évaluation viennent s'opposer. En 2009, deux événements sportifs ont illustré parfaitement la séparation des deux mondes.

Une conception originale

Alors que les championnats du monde de ski alpin se tenaient à Val-d'Isère, l'Oxbow Back to Powder se déroulait dans la Tarentaise, non loin de là, à Arêches-Beaufort.

Le premier est le parfait exemple d'un événement sportif classique. On y évoque le dépassement de soi, l'engagement, les chronos qui explosent, les performances des sportifs.

Le ski alpin, qui pourrait être considéré comme un sport de glisse (donc à la marge), ne l'est finalement pas. Il est conventionnel dans son approche et dans son organisation, tout comme dans le déroulement de ses épreuves, proche de n'importe quel autre événement sportif de la planète. Il n'y a aucune différence entre ces championnats du monde de ski, les championnats du monde d'athlétisme, ou une compétition de Formule 1. Le déroulement en est identique et le public vibre d'une même envie : celle d'y applaudir un vainqueur et y voir des champions. Aujourd'hui cependant, ce type de compétition ne justifie plus exclusivement l'étiquette sportive.

À Val-d'Isère, c'est tout le monde du ski alpin français qui s'était mobilisé afin de faire de ces championnats du monde le rendez-vous incontournable du triomphe des nations, où chaque camp avec ses hordes de supporters encourageait ses favoris. Drapeaux français, autrichiens, suisses, états-uniens, canadiens… se livraient une féroce concurrence. L'ambiance y était très chaleureuse mais rappelait ce que l'on peut voir dans tous les stades du monde où le chauvinisme continue de faire résonner ses tambours.

À Arêches-Beaufort, on était loin de cette agitation. Moins d'argent, des budgets sans comparaison, seulement un rendez-vous sympa entre sportifs de toutes nationalités venus là pour s'éclater, sans drapeaux.

Pas de temps chronométrés, pas de commissaires de courses, pas d'équipes nationales, pas de lieu de compétition préparé à l'avance, et enfin pas de juges professionnels. Seulement des riders qui se jaugent eux-mêmes, et des modules "shapés" (dessinés) par leurs soins sur les pentes vierges des Alpes. Cette autre envie de faire du sport, qui peut paraître très proche de l'amateurisme, n'était pourtant pas en contradiction avec la volonté de bien faire des participants et ne masquait pas les risques qu'un tel choix comporte. Ceux-ci étaient bien réels et faisaient partie du jeu.

Cette façon d'aborder le sport se retrouve dans toutes les disciplines "alternatives". À l'esprit cocardier des grands événements, ces *contests* opposent une démonstration plus individuelle, et même individualiste, mais sans comportements hostiles. Tous partagent le respect et le même désir de se faire plaisir.

Certes les comportements de ces nouveaux sportifs ne sont pas toujours aussi fraternels qu'il y paraît. Pourtant, à la fin de ce *contest*, la prime qui devait être offerte à ceux ayant réalisé les plus belles images fut finalement, sur décision de tous les riders, divisée en parts équitables. Cela ne se passe pas toujours ainsi car les sportifs alternatifs sont aussi des sportifs professionnels qui tentent de gagner leur vie. Mais la valeur accordée à la pratique l'emporte sur l'appât du gain.

David Livet, snowboarder qui était présent à Arêches-Beaufort, le confirme : "Ceux qui viennent ici sont d'abord des amoureux de la montagne, pas forcément de la compétition. Mais nous nous entraînons comme tous les sportifs de haut niveau. La différence est que seul le plaisir nous motive. Le matin, c'est juste l'envie de nous éclater sur la neige qui nous pousse à nous lever. Notre entraînement, nous nous le choisissons… Personne ne nous impose quoi que ce soit. De nombreux riders connus ne sont jamais passés par le stade “compét” et pourtant ils sont tout aussi excellents que les autres. C’est juste que ce n’est pas leur truc...”

Pas d’épreuves

Un autre événement a marqué toute une génération de sportifs alternatifs et plus particulièrement les montagnards freeriders : le Rendez-vous Freeride Columbia initié il y a quelques années par l’ancien grand champion du ski alpin, Denis Rey. Celui-ci était membre de l’équipe de France de descente où ont brillé Luc Alphand ou Franck Piccard, deux des meilleurs skieurs mondiaux du moment. Mais Denis était un rebelle. Il n’aimait pas la compétition ni qu’on lui dicte sa conduite. Une fois sa paire de skis de compétition troquée pour de larges skis de freeride, il n’a eu de cesse de créer un événement à la mesure de ce que lui procurait cette nouvelle discipline. Il n’y fut à aucun moment question de compétition, mais seulement d’un rendez-vous entre copains. La marque de sportswear américaine Columbia l’a suivi jusqu’à la fin dans sa démarche. Les plus grands y ont fait un saut le temps de quelques démonstrations, de rencontres avec le public et de débats pour parler de leur discipline qui n’a pas toujours eu bonne presse. Juste des bonnes sessions de freeride pour se faire plaisir mais aussi pour en donner aux spectateurs qui, au hasard d'une piste, apercevaient ces descendeurs hors norme engagés sur des pentes aux pourcentages vertigineux. Tout le monde y trouvait son compte puisque ce Rendez-vous Freeride Columbia était suivi par les médias. Les retombées étaient suffisantes pour que la marque n'y perde pas trop d'argent et surtout y gagne en notoriété. Pour les freeriders, c'était aussi une occasion de faire de belles images pour leurs sponsors.

Flirter avec la compétition

Événements, rencontres, les sports alternatifs et leurs pratiquants tentent de briser le carcan de la compétition en lui redonnant un sens plus humain, plus accessible à tous. Deux autres exemples illustrent différemment l'esprit de ces rassemblements, dans les disciplines respectives du skiercross qui s'est frayé un chemin dans le monde du ski, et du super X qui a redonné il y a cinq ans de l'allant à une discipline en perte de vitesse, le funboard.

En avril 2004, sur la plage de Leucate, dans le sud de la France, huit funboarders casqués et harnachés de gilets de protection attendent le signal de départ pour se jeter sur leurs planches comme les pilotes des 24 Heures du Mans dans leur voiture.

Nous sommes au super X, où il faut enchaîner sauts et figures à travers un jeu de modules le plus vite possible afin de larguer les autres. “D’habitude, lors de ce genre de manifestation, le public regarde dix minutes, puis s’en va voir autre chose, mais là, le côté facile à comprendre a retenu tout le monde. Le freestyle, c’est spectaculaire, mais le système de notation des figures est trop complexe”, raconte Pascal Maka, grand funboarder et qui a mis au point ce nouveau format de course.

Le super X présente l’avantage d’être simple : “C’est le premier arrivé qui gagne ! Au départ, il y a trente-deux compétiteurs répartis en quatre poules de huit, avec quatre sélectionnés par poule jusqu’à la finale de huit coureurs.” Le public raffole de ce genre d’affrontement, et les funboarders en redemandent : “Lors de la première à Leucate, se souvient Pascal, on pensait que ça allait les refroidir, mais ils ont été tellement emballés qu’ils ont envoyé des sauts énormes !” Dans l’exaltation du moment, l’efficacité, encore une fois, était remisée au profit du plaisir et du spectacle.

Le skiercross, jeune discipline qui sera aux Jeux d’hiver de Vancouver en 2010, a connu un succès comparable avec le même schéma de course. Des coureurs en haut d’une piste ressemblant à une piste de motocross avec des bosses et des virages serrés. Un départ en groupe, et le premier arrivé en bas a gagné ! Il s'agit bien d'une compétition, mais d'une compétition ludique, à la croisée des chemins de plusieurs disciplines, à la différence du ski alpin où, en dehors des grands spécialistes, le spectateur moyen est incapable d'expliquer pourquoi l'un va plus vite que l'autre si le chronomètre n'est pas là pour l'affirmer. Ici, il suffit de regarder la course pour comprendre.

Ainsi, quels que soient les formats des compétitions, les sportifs alternatifs ont toujours tenté d'allier les nécessités commerciales de leurs sports avec l'esprit d'origine. Leur principale préoccupation est de ne pas dénaturer la philosophie qui les distingue des sports classiques et de préserver le plaisir de la pratique par des compétitions à géométrie variable.

Chapitre 3

Créations, innovations et transmission

La liste des sports alternatifs est longue. Certains d'entre eux sont de pures inventions ; d'autres, des dérivés d'activités déjà pratiquées mais adaptées aux désirs d'un public qui ne se retrouve pas dans la version première.

Le football freestyle

Prenons l'exemple du football freestyle, sorte de jeu urbain de ballon au pied. Il n'est plus question, comme dans le football, de marquer des buts, de faire des passes, de jouer en équipe. Plus question non plus de gagner à tout prix, d'être efficace pour le plus grand bien de l'équipe. Il s'agit de réaliser les gestes les plus spectaculaires, les plus étonnants, les plus esthétiques, c'est-à-dire tout ce que les entraîneurs de football s'évertuent à gommer de la palette du footballeur classique.

Dans ce jeu de plus en plus aseptisé, où sont loués en permanence le réalisme, l'intelligence tactique, la science du placement et souvent la rouerie, mettre en avant la beauté du geste, même si celui-ci ne se transforme pas obligatoirement en but marqué, est un non-sens. La "main de Dieu" de Maradona en est l'exemple parfait, même si le joueur est l'un des rares footballeurs à avoir très souvent tenté des gestes totalement inédits, gratuits et extraordinaires.

Le football freestyle devient donc une alternative à tous ceux qui se sentent coincés dans des schémas de jeu. Aujourd'hui cette discipline se développe et connaît un certain succès auprès des adolescents. Elle ne nécessite pas d'installations importantes, il suffit d'avoir un ballon. Elle peut être pratiquée n'importe où, et il n'est même pas besoin d'avoir une paire de chaussures à crampons, un short ou des bas pour y jouer. Un jean, un tee-shirt et une paire de baskets. Au point que l'on ne pourrait faire la différence entre un footballeur freestyler et un skater.

Mais le plus étonnant dans cette discipline, qui s'est développée en marge du football et à l'initiative de quelques gamins amoureux du ballon rond, est qu'elle déteint sur le football classique jusqu'au plus haut niveau. Il est moins rare en effet de voir des joueurs de classe mondiale s'essayer à des gestes qui auparavant auraient donné lieu à des réprimandes de la part de l'entraîneur. Ainsi la notion de plaisir que revendiquent ces jeunes retrouve une petite place dans un sport où l'on ne parle que d'efficacité.

Le football freestyle n'est qu'un exemple parmi d'autres. On pourrait aussi parler d'autres sports de balle qui ont retrouvé le sens du plaisir et de l'amusement : le street basket, le premier des sports classiques à avoir investi la rue, ou le beach rugby, création plus récente qui valorise le jeu de passes à la main tout en étant dépourvu de contacts violents. Cette version connaît un essor inattendu sur le continent européen.

Free running, parkour et art du déplacement

Outre ces versions alternatives des sports classiques, il existe aussi tous ces sports nés de l'imagination. L'art du déplacement par exemple, qui se développe dans les villes de France.

Dans les années 1990, David Bell (voir le film *Banlieue 13*), enfant d'une famille de pompiers et de militaires, invente le parkour. Il applique en milieu urbain des techniques héritées des arts martiaux pour courir, sauter, enjamber, grimper, se déplacer rapidement, se jouant de la topographie des villes. Il est immédiatement suivi par de jeunes enthousiastes qui l'imitent. En cinq ans, cette bande attire l'attention et est engagée dans des spectacles comme *Notre-Dame de Paris*. Une proposition de tournage suit mais David Bell la refuse. Il oppose alors son sport "art de vivre" à la demande des cinéastes.

Les Yamakasi, eux, l'accepteront et se feront connaître par le film de Luc Besson. Ce sont eux qui feront parler de "l'art du déplacement". Le parkour de David Bell demeure quant à lui une école d'efficacité, très athlétique. La devise est : "Être fort pour être utile." Il s'agit de développer ses capacités physiques pour maîtriser son environnement. "Il n'y a pas de démarche transgressive là-dedans", précise Antoine Barbier qui préside l'association Parkour 13. Une troisième voie a été ouverte par Sébastien Foucan, exilé en Grande-Bretagne où il développe le free running qui inclut une démarche plus artistique dans laquelle la gestuelle a une plus grande importance.

Le parkour est la pratique la plus ascétique de ces formes de déplacement. "C'est une recherche permanente de mouvements, de techniques. C'est une discipline qui demande du sérieux compte tenu de sa dangerosité. C'est aussi pour cela qu'elle ne se veut pas transgressive parce que justement, il existe un flou juridique autour de la pratique. Aux États-Unis, il existe déjà des panneaux : Interdit au free running."

De quoi s'agit-il en réalité ? “Nous sommes conditionnés par nos déplacements en ville, par des parcours extrêmement balisés, aseptisés. Feux, routes, escaliers, sens de la marche, etc. Nous sommes conduits dans nos déplacements, face à des restrictions dans nos mouvements. Or, le propre de l'homme, c'est la liberté de déplacement. Nous allons donc utiliser le mobilier urbain. Par exemple, quand j'allais prendre le bus, j'avais mon trajet. Là, je dessine le mien, plus efficace, plus rapide.”

Une partie du plaisir est d'affiner ce parcours idéal. Les adeptes disent qu'ils adaptent au milieu urbain les déplacements dans la nature au gré des ruisseaux et des arbres. Ils dessinent des “contre-cartes” urbaines. Le jardin, c'est la rue. Comme le skate à ses débuts, le parkour détourne les paysages urbains à son profit. Ce sport des rues transforme les immeubles et les trottoirs en objets d'évasion. Un banc peut devenir une rampe, un mur peut servir de tremplin. Les toits, les rambardes, les échafaudages deviennent autant de moyens de pratiquer une sorte de gymnastique acrobatique.

Des groupes se forment. “Adrenaline” et autres “Crew” ont envahi la rue pour en faire un terrain de jeux. Une manière élégante et sportive d'aller d'un point A à un point B tout en réalisant une chorégraphie d'un autre genre. L'effet de perception est crucial, au même titre que l'effort physique, l'entraînement technique. Pour la pratique, le corps, la tête et une paire de chaussures de sport suffisent.

En quoi est-ce un sport ?

Apprendre à tomber, savoir que tout le monde peut sauter d'un étage sans mal, apprendre à éviter une voiture, voilà qui justifie un entraînement de sportif. Le parkour est en passe d'être intégré à la fédération des cultures urbaines avec le rap/hip hop, le BMX et d'autres. Les plus âgés savent qu'avec l'engouement suscité par cette discipline, ils se heurteront bientôt à la jurisprudence. "Des jeunes cherchent leurs limites et celles de la société, ils veulent savoir jusqu'où ils peuvent aller jusqu'à ce qu'on leur brandisse une interdiction. Le risque existe d'une dénaturation du sport à l'avenir comme l'a connu le skate avec les skateparks."

Par ailleurs, le succès et les caractéristiques très particulières de ce sport posent le problème de la compétence des "éducateurs" qui le deviennent malgré eux et de leur responsabilité civile et sociale ; un diplôme spécialisé est en cours de formalisation.

Des disciplines transversales

Ces nouveaux sports sont extrêmement “perméables”. Après avoir été l’un des pionniers du kite surf, avoir mis au point le tow-in (surf tracté par un jet-ski pour les grosses vagues), avoir adapté une dérive sur une planche de surf, Laird Hamilton est l’exemple même du goût pour l’innovation et les disciplines croisées propres aux sportifs alternatifs. “Aujourd’hui, je développe l’activité que je pratique en ce moment : le stand up paddle ! Une planche de longboard aménagée, plus lourde, plus stable. Vous naviguez dessus debout et avancez à l’aide d’une rame. On peut ainsi aller chercher des vagues qui éclatent loin du rivage et l’on peut aussi les surfer. N’importe qui peut pratiquer. Mais on peut aussi tout simplement se promener avec. Pas besoin d’être un spécialiste. En rivière, sur un lac ou en mer, tout est possible.”

Les sports alternatifs ont la particularité, non seulement d’être en perpétuelle évolution, mais aussi de provoquer la naissance de nouvelles disciplines. Ce qui existe pour l’une peut très bien servir à l’autre. Les techniques d’une discipline finissent par trouver une utilité ou un perfectionnement dans une autre, et permettent ainsi une évolution constante que l’on ne retrouve pas aussi facilement dans ces sports plus classiques : une reprise de volée restera toujours une reprise de volée…

À l'inverse, une figure de skate peut trouver une deuxième carrière dans le surf ou le snowboard. Même si l'on trouve des entraîneurs de sprint en rugby, il ne s'agit ici que de la location d'un savoir qui ne modifie pas la nature de l'athlétisme ou du rugby. Les sports alternatifs vont plus loin en mixant les savoirs pour créer une activité originale. Deux disciplines *a priori* différentes peuvent en faire naître une troisième. Ainsi est né le speedriding.

L'exemple du speedriding

Montagnard, bon skieur, François Bon n'a jamais suivi le cursus trop ennuyeux du ski club. Sa passion du sport le pousse vers les airs. Il s'envole très jeune (onze ans) avec le pionnier du parapente Jean-Claude Bétemps. Pas de stages, pas d'écoles, un apprentissage sur le terrain, progressant au rythme des conseils de ceux qui veulent bien leur en donner. Tour à tour moniteur de parapente, pisteur-secouriste et membre de l'équipe de France de voltige-parapente de 1999 à 2005, François fait ses armes d'acrobate, au point d'être reconnu comme l'un des meilleurs mondiaux.

Mais comme beaucoup de ses congénères, il n'aime pas rester les deux mains accrochées au même filin et préfère innover : "De la glisse sur l'air et de la glisse sur la neige. La montagne en quatre dimensions", résume-t-il. Parapentiste expérimenté, il décrit avec passion cette nouvelle discipline qu'il a fait naître il y a maintenant cinq ans et qui compte plus de 1 000 pratiquants en France ainsi que 47 écoles qui se sont ouvertes sur le bord des pistes, le speedriding.

François explique le cheminement qui l'a amené à créer quelque chose de neuf : "J'ai commencé par le vol libre, qui consiste à jouer avec les masses d'air le plus longtemps possible afin d'aller le plus loin possible. Ensuite, le parapente acrobatique qui est une manière de placer en un lieu donné, dans un minimum de temps, un maximum de figures acrobatiques. Comme j'étais pilote d'essai pour des marques de voiles, j'ai voulu en mettre au point des plus petites, qui me permettaient une plus grande radicalité dans les manœuvres. Mon métier m'éloignait de plus en plus de la montagne, qui est mon milieu d'origine. L'hiver, je partais dans des pays où cette saison n'existe pas, afin de tester les voiles. La montagne, la neige et la glisse me manquaient trop."

Finalement l'idée de mélanger deux disciplines pour n'en faire plus qu'une devient une évidence, lorsqu'il observe des parachutistes en haute montagne qui, une fois proches du relief, s'exercent à frôler les pentes de leurs pieds. Pourquoi ne pas chausser des skis afin de profiter, en même temps que l'on flotte, de ces purs moments de glisse sur la neige fraîche ? “C’est un retour aux sources. Avec le vol libre, il y avait une quête de spiritualité. Avec le parapente acrobatique, on touche aux sensations fortes pour faire le spectacle. Le speedriding est une suite logique de tout cela mais aussi un retour à la nature. C’est une addition des éléments, une manière pour moi de jouer naturellement avec le relief tout en descendant. On est en rapport constant avec la pente et pas seulement avec l’air. Cela n’a rien à voir avec le kitesurf, on ne se sert pas du vent. Avec le speedriding vous vous servez de la vitesse qui finit par donner de la portance à la voile. Le jeu est de mixer les périodes de glisse freeride et de vol. Faire une courbe dans la poudreuse qui est accentuée par la voile au-dessus de vous, passer des barres rocheuses et replaquer plus bas de nouveau dans la poudreuse, passer au-dessus de séracs, de crevasses, skier là où même les freeriders ne vont pas… C’est vraiment au-dessus de tout ce que l’on peut imaginer. C’est une dimension de jeu vraiment plus forte.”

Mais un sport, même s’il reste un jeu, a besoin de structures et d’appuis pour exister et toucher de nouveaux adeptes : “Nous avons proposé des statuts à la Fédération française de vol et à la Fédération aéronautique internationale, mais aussi une spécification dans le brevet d’État de parapentiste afin de pouvoir enseigner.

Nous sommes au sein de l'activité « vol libre » où l'on retrouve le deltaplane, le parapente, le kite et maintenant le speedriding."

Pour donner encore plus de poids à sa discipline, François Bon, qui possède déjà quelques premières mondiales dans son palmarès (descente du mont Rose, le mont Blanc par la face nord, l'Eiger en Suisse avant de connaître un grave coup d'arrêt sur l'Everest dans l'Himalaya), a décidé de monter un événement dédié à son sport : "La speedriding des Arcs reprend un format de compétition proche du ski avec des épreuves de slalom, etc. Mais je me suis très vite aperçu que la compétition nous emmerdait. Ce sport n'est pas fait pour juger s'il y a un premier, un deuxième ou un troisième. L'important est ailleurs, dans le plaisir que l'on prend à le pratiquer. Je crois que je vais arrêter cette formule qui ne convient à personne, mais qui dans un premier temps a permis de nous faire accepter." Cette tendance à récuser la compétition fait de plus en plus d'adeptes.

L'initiation par l'expérience

Il n'y a pas de recette pour devenir un bon rider, un bon surfer, un bon skater... On apprend sur le tas mais l'on partage tout et plus particulièrement les sensations : "C'est même le meilleur moment d'une journée, explique

Enak Gavaggio, un freerider français. C'est là où l'on échange nos sensations entre riders, où l'on parle du futur ride. Il se crée des liens forts. On peut parler de communauté démocratique où tout le monde échange et où la voix de la majorité est écoutée et appliquée. Par exemple, si la majorité décide qu'une face est trop dangereuse à rider, personne n'ira la tenter, pas même celui qui n'était pas d'accord."

Plus qu'une communauté, on devrait parler de tribu, où les anciens reprennent une place de sages. Le jeune loup n'a pas dévoré ses congénères et a marché dans les traces de ses pères, au contraire de ce qui se produit dans les sports traditionnels.

Pour Antoine Barbier, de Parkour 13, le succès croissant des sports urbains demande beaucoup de lucidité. Pour former les jeunes qui se portent volontaires, la première des choses est de marquer les esprits :

"L'an dernier nous avons initié 1 500 enfants sur la plage du Prado, mais avec des structures adaptées prêtées par une association de Grenoble. Nous restons dans l'idée que notre sport est utile et qu'il ne faut pas faire n'importe quoi. Les jeunes vont rechercher des groupes, d'abord ils viennent nous voir parce que nous représentons les pionniers, une référence, le mythe. Le danger viendrait des petits groupes qui voudraient se créer vite.

Il faut des sportifs confirmés. De plus, nous évoluons dans un vide juridique et, par exemple, nous évitons, en pratiquant, de nous montrer aux enfants."

Ceux-ci pourraient être tentés de copier des figures dont ils ne mesurent pas la difficulté ou tenter sans autorisation de traverser un jardin et escalader un mur. Bien sûr, il serait impensable de demander toutes les autorisations nécessaires pour qu'un parcours devienne praticable. En plus des exercices physiques, un long travail d'information est à fournir.

La plupart de ces sports ignorent les programmes d'entraînement. L'expérience initiatique renvoie à soi et non à une demande d'assistance extérieure. Les jeunes sportifs alternatifs construisent eux-mêmes leurs propres paliers de progression, adaptés à leurs envies et leurs moyens.

Chapitre 4

Sponsors, mode et esthétisme

Jusqu'ici, l'expression d'un sport est toujours passée par la compétition. Celle-ci devait être organisée par une fédération. Pourtant un jeune public délaisse ces sports officiels. Pourquoi ? Trop prévisibles sans doute, autant qu'un épisode d'*Inspecteur Derrick*. Leur forme désuète commence à lasser, les scénarios sont connus.

Un quotidien comme *L'Équipe* a fini par le comprendre et a même créé une rubrique "Outdoor".

Au départ, bon nombre de ces disciplines ont appliqué ce qui existait ailleurs pour montrer leurs différences : des formats classiques de compétition permettant une reconnaissance rapide. Mais leur nouveauté et l'implication des sponsors qui cherchaient quelque chose de nouveau et surtout des débouchés allaient encourager, à la longue, la recherche de formats plus originaux utilisant pour la promotion les valeurs premières de ces sports : liberté, jeunesse, nature et contre-culture.

Disciplines libres mais sponsorisées

Souvent orchestrés par les grandes marques de sportswear, ces “rendez-vous” qui attirent de plus en plus de glisseurs ne sont pas organisés qu’à des fins philanthropiques, bien au contraire. Mais les marques ont compris l’attrait suscité par ces nouveaux sportifs qui supplantent peu à peu les champions classiques dans l’imaginaire de la jeunesse. Chez Oxbow, on l’explique ainsi : “Nous voyons de plus en plus de jeunes qui ne font quasiment plus de compétition mais juste des images. Il n’y a pas la pression du résultat… Dans les sports classiques, en dehors du chrono qui est sans faille, le système de notation ou d’arbitrage est souvent discutable… Avec des événements comme ceux que nous créons, les sportifs se jugent par eux-mêmes. Ils se connaissent et savent qui est capable de faire quoi… Ils savent reconnaître de manière juste la performance de chacun. Finalement tout le monde s’y retrouve et personne ne se sent lésé. Il n’y a pas de frustration, pas beaucoup d’argent en jeu et donc pas d’arrière-pensée.”

Ces marques de vêtements forcent le mouvement, accentuent le phénomène de mode et poussent à la pratique. Les équipements ne sont pas pour rien dans le développement de ces sports, comme le look l'est dans la musique. De plus, les publicitaires s'approprient le langage des jeunes sportifs alternatifs, recyclant le shoot d'adrénaline, remplaçant "poudreuse" par "poudre" comme pour mieux souligner le côté subversif de ces sports, qui en vérité ne le sont pas plus qu'un festival de musique alternative.

Vincent Roussel, le directeur marketing d'Oxbow, explique ainsi la démarche de son entreprise lorsqu'il a mis sur pied l'Oxbow Back to Powder : "Pour nous, le premier objectif est d'avoir un événement sportif qui colle à nos valeurs : l'exploration, l'innovation et le mélange des disciplines. Pour notre société, créer un événement comme celui-là, c'est offrir à ces sportifs un lieu où ils pourront se rencontrer et échanger leur expertise. Bien sûr, comme nous sommes dans des sports appelés fun, il faut aussi qu'ils passent un bon moment ensemble. Il faut qu'ils aient le sentiment d'être une bande de potes avec des affinités et des choses à partager. Cela nécessite de la souplesse dans la création de l'événement... C'est différent d'un championnat du monde de ski. En somme, deux philosophies qui s'affrontent !"

Le rapport à l'argent

"Les riders repoussent toujours un peu plus leurs limites afin d'obtenir encore plus de sensations. Tout ceci les amène aussi à développer leur sport et sa technique. Par exemple, Laird Hamilton, qui tente de prendre des vagues de plus en plus grosses, s'est rendu compte qu'à la rame il n'y arrivait plus. Il a inventé le tow-in (le surfeur est tracté par un jet-ski pour récupérer les plus grosses vagues). Le stand up paddle a été inventé pour les mêmes raisons ; afin d'aller chercher des vagues très loin du bord. Tout cela répond à une logique. Notre enjeu en tant que sponsor est donc d'être au bon endroit au bon moment avec les bons riders", souligne Vincent Roussel.

On nous parle de plaisir, d'innovation, de mélange des disciplines, de bande de copains. Bien des choses que l'on ne retrouve plus dans les sports classiques où les mots "combat", "adversité", "pression", "mise au vert"... sont de mise. En somme, une petite guerre sans mort en préparation !

Du coup la compétition, le *contest* ou l'événement, peu importe son nom, ne peut plus exister en copiant le modèle classique. Dans sa forme, dans son déroulement et son aboutissement, il se doit d'être très différent : "Il n'y a pas de pression sur ce genre d'événement... Les sommes engagées dans ce type de sport ne sont pas comparables avec celles que l'on retrouve dans le football ou le tennis. L'idée pour nous est que les sportifs se lâchent et, derrière, qu'ils fournissent des photos et des images incroyables parce que nous avons réuni toutes les conditions afin qu'ils aillent au bout de leurs limites. D'ailleurs on voit de plus en plus de jeunes qui ne font pas, ou plus, de compétition. Ils exercent leur sport à un très haut niveau, mais pour la beauté des images que leurs sponsors utilisent. C'est comme cela qu'ils gagnent leur vie."

Il suffit d'ailleurs de surfer sur les sites communautaires pour découvrir des clips et des images de tous ces jeunes. Leur notoriété passe plus par leur passage sur le Net que par un classement en bas de page d'un quotidien ou d'un magazine.

Laird Hamilton a créé la sienne uniquement par sa capacité à dépasser ses limites. Il n'a jamais participé à une seule compétition de sa vie et pourtant il est le surfeur le plus respecté de la planète. "Pour moi surfer une grosse vague n'est pas primordial. Ce qui l'est, c'est de surfer toutes les vagues. On dirait que c'est devenu le jackpot. Je préfère surfer vingt vagues de 10 mètres plutôt qu'une seule de 20 mètres si j'ai de la chance. Cette mode est vraiment dangereuse car elle pousse le surfeur à aller au-delà de ses limites juste pour être sur la photo et décrocher une prime ou un sponsor. Si un accident survient un jour, je ne me gênerai pas pour dire que ce sont les sponsors qui ont poussé à cela. Ils sont fautifs. Toutes ces incitations à l'exploit sont là pour amasser de l'argent."

Style de vie

Laird Hamilton, par ses prises de position et ses convictions, est l'icône de tous les aventuriers de la glisse. Non content d'avoir surfé toutes les plus grosses vagues du monde, il est aussi celui qui a fait le plus évoluer son sport : "Le sport chez lui est avant tout un style de vie. Tout est tourné vers cela. Il a maintenant plus de quarante ans et tous les matins, il se lève pour aller faire deux heures de stand up paddle. C'est sa vie, son univers. Tout cela est bien différent d'un footballeur ou d'un rugbyman, qui a une carrière de sportif cadrée. Un Laird Hamilton n'arrêtera jamais de surfer", ajoute Vincent Roussel.

L'argent n'étant pas aussi présent que dans d'autres sports, cela contraint à imaginer une vie sportive différente : "Dans ces milieux-là, peu de personnes vivent de leur discipline. Ce sont avant tout des passionnés. Ils veulent pratiquer leur sport, être dans leur communauté. Ils sont prêts à de nombreux sacrifices. Les sommes n'étant pas élevées, c'est plus facile de se détacher d'un quelconque modèle économique. De toute manière, pour les riders, il demeure important d'avoir des sponsors car les compétitions auxquelles ils participent n'ont pas une médiatisation assez importante. En conséquence, leurs sponsors n'ont pas plus d'intérêt que cela à les voir en compétition. Ils ont autant de retour sur investissement avec des images ! Tout passe par la médiatisation."

Ces sportifs sont, comme Hamilton, des leaders d'opinion, une référence pour tous les jeunes. La compétition ne leur donne pas la visibilité souhaitée alors que les images, les vidéos et les apparitions sur le web, où il y a beaucoup de chaînes thématiques de télévision qui diffusent ces images, constituent un coup de publicité évident : "Un rider est souvent plus connu par ses vidéos sur YouTube que parce qu'il a fini cinquième sur une épreuve d'un circuit de compétition comme le Ticket to Ride (TTR). Nous poussons nos sportifs sous contrat à aller vers cela. Dans notre société, l'image est devenue cruciale."

Les sports classiques parviennent à ce constat. Un footballeur gagne autant par ses sponsors que par la pratique : "Un Tiger Woods doit toucher 80 millions de dollars par an et 60 millions proviennent de ses seuls sponsors, alors que le golf est un sport déjà très bien doté. Les riders n'en sont pas là ; c'est pour cela qu'ils possèdent une armada de sponsors pour boucler leur budget. Mais le constat est le même." Là s'arrête la comparaison. Pour le golfeur Tiger Woods ou le footballeur Thierry Henry, l'image ne passe à aucun moment par la valorisation du beau geste. La priorité à l'écran pour ces stars est donnée à leur efficacité, leur statut de "meilleurs".

Sport spectacle

Arêches-Beaufort, Chamonix, ou encore l'Orange Massilia Freestyle Cup de la plage Borély à Marseille – le plus grand rassemblement européen des sports freestyle outdoor –, les événements pullulent sans autre but que d'offrir du spectacle. À ceux qui critiquent cet aspect show business, on peut rétorquer que les sports classiques tendent à fonctionner exactement de la même manière, rejoignant le sport spectacle au détriment de l'esprit sportif (fair-play) que leur tradition a pourtant l'habitude de vanter.

De plus, les sports classiques ont vite assimilé l'effet de mode des sports libres pour leur emprunter leur sens du show et accommoder, notamment lors de retransmissions télévisées, leur prestation aux goûts d'un public plus large, plus jeune.

L'utilisation de l'image diffère pourtant. Comment apprécier un match de tennis saucissonné de publicités à chaque changement de côté ? Comment expliquer la présence des tie-breaks si ce n'est par la volonté des télévisions d'imposer à la Fédération internationale de tennis une manière de raccourcir les temps de jeu afin d'entrer dans les cases horaires ? Il est possible de donner du spectacle sans remettre en cause le côté sportif ! Le beach volley, devenu sport olympique, est le résultat de cette jointure entre sports anciens et sports nouveaux, mariage d'un sport classique avec sa version plus télégénique. Les progrès accomplis dans la retransmission du Tour de France, épreuve ô combien classique, sont également le résultat de l'influence des images des sports alternatifs, notamment celles des débuts du VTT, beaucoup plus dynamique et spectaculaire que la monotone (et plus chère du monde) course d'endurance sur route.

L'image et l'esthétique

L'image et le rendu esthétique qui valorisent ces sports en sont l'essence même. Le photographe Laurent Bouvet, qui vit au contact de ces sportifs l'explique : "Ils aiment par-dessus tout le beau geste, le geste parfait. Apparaître sur une image est une suite logique de leur quête du beau geste." Une évidence pour une génération née avec la culture du partage des images fixes ou animées.

Le photographe ne place pas tous ces sportifs sur un pied d'égalité. L'utilisation des images n'est pas la même pour tous : "Il y a ceux qui considèrent cela comme une suite logique de leur recherche de la perfection, mais il y a aussi ceux qui cherchent l'image car avec elle, ils vont pouvoir attirer des sponsors ou satisfaire le leur. Enfin il y a une dernière catégorie qui fait cela pour gagner de l'argent. Ils reçoivent de leurs sponsors des primes à chaque parution, à partir du moment où l'on voit leur logo."

Le rapport des sports alternatifs à l'image est donc presque originel. Ce serait même la composante absolument nécessaire de ces activités : "Le vol relatif, que l'on peut considérer comme étant à la marge de ces sports extrêmes, n'a de sens que si un cameraman filme les figures que les parachutiste dessinent en l'air. Sans l'image qui est ramenée au sol, il ne peut y avoir de jugement. Le spectateur qui se trouve en bas ne peut rien voir."

Un lien très fort unit en effet le monde de l'image à celui de ces sports. Le photographe ou le cameraman est un partenaire, un sportif à part entière et plus seulement le témoin des exploits : "De toute manière nous ne sommes pas face à une activité sportive normale, mais plus devant un art de vivre qu'il faut transcrire. La photo, la vidéo doivent être une manière de faire passer des sensations, plus que des exploits. Nous nous devons de transcender une sensation d'extrême." Il est vrai que le développement de ces sports a coïncidé avec l'accès universel aux nouvelles technologies.

L'internet a joué un rôle prépondérant dans la diffusion des techniques de parkour. Il ne s'agit pas de "faire le show" comme on pourrait le penser, mais de compléter une initiation, de parfaire un geste. Le côté spectaculaire peut être présent, comme dans le free running, mais ce dernier étant proche de la danse, il en est une composante naturelle. Dans tous les cas, l'illustration musicale, le montage, le partage des performances concourent à faire de l'ensemble de ces sports une démarche interculturelle, globale et fédératrice qui établit des liens entre les disciplines.

VTT de descente.

Kite surf.

Speedriding.

Chute libre.

Art du déplacement.

Street-golf.

Figure en BMX.

Chapitre 5

"Une compétition personnelle"

Témoignage : Vivien Dotti, ou la vie d'un enfant de la glisse

Vivien Dotti fait partie de la deuxième génération de snowboarders. Son parcours n'est pas celui d'un enfant de la balle surdoué, mais plutôt d'un gamin qui a trouvé une passion qui lui a permis de vivre la vie dont il rêvait. Un parcours semblable à celui de nombre de ses pairs et qui vaut pour exemple.

"J'ai découvert la montagne à l'âge de quatorze ans. Jusque-là, j'avais vécu aux Antilles. Je n'avais donc aucune prédisposition pour la pratique du snowboard. Quand je suis arrivé dans les Alpes, j'ai tout de suite été attiré par ce monde. J'y suis d'abord arrivé par le ski mais je n'ai pas accroché. Au lycée, où je faisais déjà un peu de skate, j'ai rencontré Seb Vayssonnet qui m'a appris le snowboard. Il participait déjà à des compétitions et m'a introduit dans ce milieu. C'était le début du snowboard et du sponsoring. J'ai eu la chance de me débrouiller assez vite et d'être sponsorisé au bout d'une année. Je suis rentré en équipe de France junior où je suis resté trois ans. J'ai participé aux championnats du monde, aux épreuves de la coupe de France... J'ai commencé par le snowboard alpin comme la plupart de mes copains, mais ce n'était pas trop mon truc de surfer entre des piquets. J'ai vite bifurqué vers le freestyle avec le half-pipe. Au même moment, j'ai été repéré par Burton, la plus grande marque américaine de snowboard. J'y suis resté cinq ans. Je m'entraînais avec les plus grands snowboarders de la planète. J'étais à fond dans le truc même si en parallèle je continuais mes études au lycée. J'ai fini tout de même par arrêter en première et j'ai tout misé sur mon sport. Pendant deux ans je « ridais » à perdre haleine, c'était la passion pure, sans limites. C'est là que je m'accomplissais le plus ! Pourtant, j'ai toujours pratiqué des sports traditionnels comme le tennis, le hand ou le basket. J'ai même joué en club, mais je n'ai jamais été vraiment bon. Dès qu'il y avait de la compétition, je perdais la plupart de mes moyens. En fait, je crois que j'ai du mal à adhérer avec l'esprit club ou avec celui d'une fédération. Quand c'est trop cadré, je ne me sens pas à l'aise. La contrainte finit par prendre le pas sur le plaisir, ce que je refuse !"

Non à la compétition !

"Quand j'ai débuté dans le snowboard, il n'y avait pas de moyens ; c'était tranquille, sans pression, convivial. Il n'y avait pas d'équipe, pas de coach, pas de prise de tête. Quand l'Association française de snowboard (AFS) a été avalée par la Fédération française de ski (FFS), tout a changé pour moi. C'est devenu très vite beaucoup trop carré à mon goût. Les équipes sont apparues, les entraîneurs, les machins, les bidules, et moi cela ne me correspondait plus du tout. J'ai fini par décrocher. Pour moi le snowboard, c'était avant tout des rencontres, des voyages, des potes et partir sur des compétitions à travers le monde. J'ai tout lâché pendant un an. La compétition, le sponsoring, tout. C'est par hasard que j'ai été rattrapé. J'avais tiré une croix sur ce milieu devenu trop aseptisé jusqu'au jour où l'on m'a contacté pour une compétition de freeride à la Meije. Sans vraiment être prêt, j'ai terminé à la cinquième place. Les affaires sont reparties à la hausse ! Les sponsors se sont de nouveau intéressés à moi. Je suis entré chez O'Neal où cela a duré quatre ans. Je retrouvais l'ambiance du début. Pas de fédération, pas de véritables compétitions, mais des rendez-vous où l'on se retrouvait pour rider. Et puis encore une fois le truc a grossi. Je pense notamment à une compétition qui se déroulait à Verbier en Suisse et qui est devenue un truc énorme. Je ne me suis, de nouveau, pas senti à ma place. Je n'avais pas le niveau mental. Le niveau technique oui, mais pas mental ! Pourtant, si l'on me compare aux sportifs de haut niveau, je me considère comme eux. Dans la pratique, je m'entraîne régulièrement. Mais je n'ai jamais poussé à l'extrême comme un skieur alpin, qui est toujours dans une salle de musculation. J'aurais pu en travaillant avoir un niveau supérieur et des résultats meilleurs, mais je ne voulais pas de cela. Je ne voulais pas être forcé."

L'image remplace le classement

"J'ai participé à de nombreuses compétitions sans adhérer complètement à ce système et j'y ai obtenu malgré tout une certaine notoriété qui heureusement m'a conduit vers la vidéo et la photo. C'est quand même le summum lorsque l'on pratique une discipline comme la mienne. Quand on fait des images, il n'y a plus de pression de la part du sponsor. Tout est plus facile. Et surtout il n'y a pas de résultats chiffrés à donner. Au lieu de ramener des médailles, tu rapportes des images qu'ils utilisent.

Et puis, finalement, ce sport est avant tout un sport où l'image se doit d'être accessible à tous. C'est un sport sur lequel il est facile de communiquer. C'est fun, c'est jeune ! Une photo n'est jamais identique à la précédente, à la différence des photos d'athlétisme qui se ressemblent toutes. Sur une photo de snowboard, il y a des paysages différents à chaque fois, de l'action, une part d'aventure et de risque.

Mais pour y arriver, il faut travailler, s'entraîner. Le photographe avec qui tu pars s'engage aussi quand on travaille en haute montagne. Il prend autant de risques que toi. Il faut que tu aies une réputation, celle de quelqu'un qui connaît son boulot. Pas un truc à l'américaine où le gars saute des barres rocheuses de 100 mètres et se massacre en bas. Souvent on ne le revoit jamais. Le risque, nous le calculons, et ce qui paraît beau à l'image peut être dangereux pour celui qui la regarde en s'imaginant qu'il pourrait faire la même chose."

Le plaisir, rien que le plaisir !

"Je m'entraîne, mais cela se fait par la pratique régulière et personnelle. Tu prends de l'expérience en t'intéressant à tout ce qui entoure ton sport. Le but n'est pas de s'exposer à des risques inutiles. On m'a souvent dit : « Tu joues avec la mort pour te sentir vivant ! » mais je n'ai jamais pratiqué dans cette optique. Certains le font, pas moi. Cela m'est arrivé de dire non. Il m'est aussi arrivé d'accepter de faire des photos périlleuses parce qu'il y avait une super assistance autour de moi. Mais je ne prenais pas de plaisir en le faisant. Je stressais même plus que d'habitude. J'ai toujours fait du freeride avec mes potes pour le plaisir, et pas toujours dans les règles de l'art. Cela aurait pu être dangereux à une époque. Je ne crois pas que le plaisir passe par le goût du risque. Je n'ai pas l'impression d'en prendre plus que d'autres, même si parfois je suis un peu au maximum de mes capacités. Il m'est arrivé de me dire : si c'était à refaire je réfléchirais un peu plus. En fait c'est une compétition personnelle. La satisfaction est physique, chimique. Il y a un truc qui se passe dans ton corps. Pas facile à exprimer ! Tout le monde peut faire la même descente mais personne ne l'aura ressentie de la même manière. Quand tu es dans une compétition classique, le plaisir passe aussi par les autres. Le plaisir qu'ils ont à te voir réussir alimente ton propre plaisir. Mais cela n'a jamais pris le dessus sur mon plaisir personnel."

Un credo pour la vie

"Ça fait quinze ans que je suis dans ce milieu-là. Je crois que j'en ai fait trois fois le tour. Aujourd'hui je quitte tout cela sans regret. Je ne suis pas aigri. Le snowboard c'est bien beau, mais il y a autre chose après. J'ai appris un métier, la menuiserie, pour gagner ma vie. Mon sport m'a donné la possibilité de faire autre chose parce qu'il y a moins d'argent, moins de monde. Ce n'est pas comme au football où la concurrence est rude et où on doit rester concentré en permanence. Dès le départ, je savais que je ne deviendrais pas riche dans le « snow » et que cela s'arrêterait un jour. J'avais dès le début dans la tête que je n'en vivrais pas. Pourtant si cela était à refaire, je le referais dix fois. C'est un sport où tu es en relation avec la nature partout dans le monde.

Le snowboard m'a apporté une ouverture d'esprit. Il m'a aidé à avancer dans la vie. Tant que je pourrai, j'en ferai toujours pour le plaisir. J'ai l'impression que plus une discipline est connue et plus le superficiel s'y greffe."

Conclusion

Et demain ?

“Ce qui me fait peur maintenant, c’est la culture du show. Il y a quinze ans, quand je pratiquais le roller, c’était juste pour chercher un état d’esprit, de l’adrénaline, faire les 400 coups en ville. Rien d’autre !

La création des X Games, sortes de jeux olympiques des sports alternatifs, par une télévision américaine a bouleversé la donne. Je me demande si les jeunes pratiquent toujours par amour de leur sport ou s’ils sont en quête d’une reconnaissance, un peu comme à la Star Academy. Le show prédomine. Il faut en mettre plein la vue, que ce soit dans la pratique ou dans la vie de tous les jours. Il faut être le plus voyant possible, le leader, le plus fort ! Il y a maintenant un décalage entre la première génération plus proche de l’état d’esprit alternatif et les jeunes générations formatées par la télévision.”

Karim Amour, le vététiste de descente qui a maintenant la trentaine, porte un regard inquiet sur la suite, comme si les sports alternatifs avaient été rattrapés par la maturité pour retomber dans les travers des sports plus classiques : “La nouvelle génération manipule mieux les médias, continue-t-il. Ils sont à l’aise avec cela. Ils n’ont pas peur de leur image. La culture que l’on retrouve dans ces sports alternatifs peut attirer beaucoup de gamins parce que cela donne une attitude cool. Les gens différents attirent toujours plus que les autres.”

La question sur la durée de ce mouvement n’est pas encore résolue. Selon Marie Cipriani-Crauste, psychosociologue, tout n’est pas si simple. Cette différence n’est pas toujours désirée, mais créée par ceux qui ne font pas partie de cet univers : “Les skaters, par exemple, sont victimes d’une forme de diabolisation parce qu’ils sont perçus comme des jeunes dangereux. Ce qui effraie, c’est qu’on ignore si on peut communiquer avec eux… Pourtant ce sont des jeunes qui font preuve de ténacité, d’endurance, d’imagination et d’esthétisme… Et ça, ce sont incontestablement des qualités humaines.”

En remettant en cause les fondements des valeurs sportives, ces jeunes brisent une routine trop bien installée. Mais leur démarche personnelle, et qui n’est surtout pas calculée, se heurte à l'incompréhension de la majorité, celle des médias généralistes qui ne veulent pas étudier ce phénomène. Ou encore celle tout simplement des fédérations qui, dès que l'on sort d'un cadre défini, ne savent plus comment s'y prendre.

Alain Loret, sociologue spécialiste de ces disciplines, l'explique ainsi : "Les fédérations ont cherché à intégrer les adeptes des sports alternatifs sans changer les services sportifs compétitifs qui correspondent à leur savoir-faire traditionnel. Or ce n'est pas parce que le snowboard, le VTT ou le beach volley sont intégrés au programme olympique qu'il faut en conclure que le CIO a fait sa révolution culturelle. Il aurait fallu proposer de nouveaux services sportifs formatés aux normes culturelles des sports de glisse et non pas à leurs seules normes techniques."

Un art de vivre

Ces jeunes si souvent dépeints comme rebelles à tout système, comme de jeunes inconscients se moquant de tout, ont finalement plus de valeurs morales que bien des sportifs de haut niveau parce qu'ils ont besoin les uns des autres. Ils aiment le sport pour ce qu'il peut apporter de bien dans la constitution d'une vie et pas seulement dans le portefeuille. Ils aiment le sport pour ce qu'il a de créatif, d'inventif et pas forcément de répétitif. De plus, la précarité entretenue par les convictions de quelques-uns reconnus comme des porteurs de vérités (Laird Hamilton) les encourage à ne pas sombrer dans l'assistanat qui est le lot des sportifs de haut niveau en général et qu'ils réprouvent.

Ils ne se déclarent ni libéraux ni libertaires, mais se vivent plutôt en indépendants. Assumer sa passion sans être dirigé, pour soi et en toute conscience, est vécu comme une victoire en soi et peut susciter l'admiration et l'envie de ceux qui veulent les suivre.

Patrick Edlinger, célèbre grimpeur, définit ainsi sa passion : "Je veux vivre le plus vieux possible à mon maximum." On parle ici moins de sport que d'un art de vivre. Cet art de vivre est le Graal…

Il est difficile de dessiner les frontières de ces sports : ils peuvent annoncer en tout cas la fin d'un modèle sportif et la naissance d'un autre dont les valeurs seraient chamboulées en profondeur. La signification politique du désintérêt des jeunes pour le Tour de France, par exemple, au profit d'activités non encadrées, est un symptôme, une revendication de changement non formulée mais matérialisée par une action libératoire.

Un autre rapport au corps

Alain Loret fait la distinction entre les sports alternatifs et les autres en démontrant qu'à partir des années 1980, le rapport au corps a complètement évolué : "Pour les nouveaux adeptes des sports de glisse et des sports alternatifs, le corps sportif n'est plus exploité à court terme pour produire rapidement un résultat comme dans les disciplines olympiques. Il est au contraire préservé. Dans les sports alternatifs, on est toujours « vert » à cinquante ans alors que dans certains sports olympiques, on est vieux à vingt ans car on n'est plus performant. Le rapport à l'autre est également différent, organisé autour d'une relation de connivence, non de concurrence. Enfin, le rapport à la nature évolue aussi considérablement. Les sports de glisse des années 1980 ne sont pas confinés dans des enceintes artificielles comme des stades ou des piscines. Ils valorisent au contraire un contact étroit avec la nature. À partir de cette triple évolution du rapport au corps, à l'autre et à la nature, on identifie l'émergence de nouveaux modes de sports qui sont tout sauf de simples sports à la mode, qui s'inscrivent durablement dans le paysage sportif français. Ce qu'il faut comprendre, c'est que la société de communication qui est aujourd'hui la nôtre ne pouvait pas se satisfaire de cette production sportive qui fut générée par la société préindustrielle de la fin du XIXe siècle."

Le combat est donc âpre entre une vision vieillissante du sport et celle, novatrice, qui émerge à travers les sports alternatifs. Depuis leur apparition dès la moitié du XXe siècle, les tenants de la ligne classique ont tenté d'expliquer que toutes ces nouvelles disciplines n'étaient qu'un phénomène de mode éphémère, qu'avec le temps elles disparaîtraient.

Un mouvement perpétuel

La transversalité, qui est la marque de fabrique de tous ces sports, leur a permis, lorsqu'ils étaient en perte de vitesse, de se régénérer les uns au contact des autres et de rebondir dans un monde en perpétuel mouvement. Ce n'est pas un hasard si le secteur économique a compris en premier quel avantage il pouvait en tirer. En étudiant le produit snowboard, les constructeurs de skis ont participé à la relance de l'activité. Yvan Thévenin, chez Salomon, est catégorique : "Aujourd'hui, la vente de skis en France se porte beaucoup mieux qu'il y a quelques années ! Et ce n'est pas seulement parce qu'il y a eu quelques bonnes saisons d'enneigement. La pratique du ski a évolué et l'on doit cela au snowboard. Je crois que le ski, au lieu de nier l'émergence du snow, a su tout au contraire se poser les bonnes questions." Si le secteur économique a embrayé, les lourdes administrations des sports olympiques semblent à la traîne de ce phénomène qui atomise les disciplines et redéfinissent la notion de sportif.

La planche à voile, sport devenu olympique, a connu les mêmes avatars. Les vieilles planches lourdes et peu maniables qui avaient connu un premier grand succès à la fin des années 1970 s'essoufflaient, quand certains ont eu l'idée d'utiliser des planches de surf plus petites et capables de jouer dans les vagues. Le funboard était né. Plus de 85 % des 15 millions de pratiquants dans le monde allaient se mettre à cette nouvelle discipline qui est aujourd'hui en perte de vitesse. Ensuite, le kitesurf est apparu. L'idée est toujours d'utiliser le vent et la mer en y ajoutant une troisième dimension, l'espace. Un gros cerf-volant, une planche très courte et légère et le tour est joué. On glisse sur l'océan et ses vagues et, de courts instants, on vole. Certes il y a eu un phénomène de mode pour une activité précise, mais celle-ci, telle le phœnix, s'est régénérée à plusieurs reprises.

Le modèle est donc en perpétuelle évolution et insaisissable ; il contraste avec la volonté des institutions sportives de figer les épreuves et leurs règles. Pour un simple changement de ces dernières, il faut souvent l'approbation de tout un collège de spécialistes qui rappellent furieusement les convocations de commissions gouvernementales sans que cela ne débouche nécessairement sur des infléchissements de la politique en cours.

L'inertie du monde sportif traditionnel est sans doute l'une des raisons qui font qu'un nombre croissant d'adolescents se tournent vers les activités alternatives, non seulement parce qu'elles sont plus rapidement abordables, que le plaisir est vite accessible, mais surtout parce qu'elles sont source d'imagination, de création. Chacun peut apporter sa pierre à l'édifice. La liberté réside dans l'innovation et la volonté de partager avec les autres sans entrer dans un cadre collectif. Tous ces sportifs l'ont dit, leur plus grande joie est de donner envie aux autres, de partager du plaisir ensemble, parce qu'il n'est jamais le même.

Ces sports sont influencés par des valeurs spirituelles connues de tous et bien dans l'air du temps : esprit de liberté, écologie, etc. Les sportifs alternatifs ne seraient finalement que de nouveaux prêcheurs du partage pour le bien de tous, au nom du bonheur individuel. Le risque serait de créer un prosélytisme de plus. Que l'on ne finisse pas par dire à l'avenir : “Ces sportifs ont valeur d'exemple pour la jeunesse !”

Selon leur propre philosophie, ils n'auront valeur d'exemple que s'ils ne cherchent pas à le devenir, en restant libres. Ce qui n'est pas la chose la plus aisée dans nos sociétés. Les sports alternatifs sont condamnés à évoluer sur le fil du rasoir pour préserver leur nécessaire position d'avant-garde et conserver leur faculté à questionner le monde du sport.

La question de leur intégration dans cette sphère demeure pourtant secondaire. En effet ces sports sont déjà largement sollicités par les associations à vocation sociale parce qu'ils déploient des valeurs qui favorisent l'épanouissement personnel par les sensations fortes qu'ils procurent à des jeunes en demande d'évasion. Dans ce cadre, ces disciplines mériteraient des formations pour un enseignement spécifique. L'Education nationale pourrait s'en inspirer pour faire se rejoindre les aspirations des enfants qui, souvent, expérimentent déjà ces sports sous forme sauvage ou expérimentale. L'école accompagnerait alors les envies des jeunes – en dehors des établissements où ces pratiques peuvent, parfois, comporter des risques divers – et intéresser des élèves qui délaissent les programmes classiques d'éducation physique et sportive.

Lexique

Base jump : Le base jump est une discipline du parachutisme qui consiste à sauter depuis des objets fixes. Elle mêle de nombreuses autres disciplines : chute libre, parapente, alpinisme, précision d'atterrissage, voltige, etc. Les temps de chute y sont très courts. Le parachutiste accélère progressivement sous l'effet de la gravité, avant de se stabiliser aux alentours des 200 km/h par les frottements de l'air (vent relatif). "Base" est l'acronyme pour : *Building, Antenna, Span bridge and Earth cliff Jump* : saut en parachute à partir d'un immeuble, d'une antenne, d'un pont ou d'une falaise.

Beach soccer : S'apparente au football mais se pratique sur du sable de plage, sur un terrain de 28 x 37 mètres où se rencontrent deux équipes de cinq joueurs.

Football freestyle : Ce n'est qu'en 2001, lors de la diffusion d'un spot publicitaire pour une marque de vêtements de sport, que le football freestyle trouve un nom et une renommée. L'idée est de réaliser les figures, ou "tricks", avec un ballon, qui soient les plus techniques et impressionnantes possibles, le tout rythmé sur fond musical. Pour cela, toutes les parties du corps sont utilisées (jambes, bras, mains, épaules, dos, etc.).

Funboard : Technique dérivée de la planche à voile qui utilise des planches de surf de petite dimension, capables de jouer dans les vagues.

Kitesurf : Un sport nautique de traction. Il consiste à glisser sur une planche de surf de taille réduite en étant tiré par un cerf-volant (appelé aile). Le pratiquant pilote, à l'aide d'une barre, une aile de traction distante de vingt à trente mètres. Deux à cinq lignes relient la barre à l'aile.

Parkour : Une manière élégante, sportive et acrobatique de rallier un point A à un point B tout en réalisant une chorégraphie d'un autre genre grâce au mobilier urbain déjà existant. Escaliers, balcons, murs, poteaux, tout est utilisé. Ce sport très jeune – une dizaine d'années – s'est fait connaître grâce aux Yamakasi, qui ont été les premiers à populariser cette activité purement urbaine.

Rollerblade : Ce que l'on appelle aussi les patins à roulettes en ligne. Ils sont différents des patins à roulettes classiques, ou quads, qui ont deux roues devant et deux derrière. De nombreuses disciplines se sont développées autour de ce moyen de déplacement : slalom, course et aussi disciplines freestyle pratiquées dans les skateparks ou en milieu urbain.

Skateboard : Le skateboard fut inventé par deux surfeurs californiens (Mickey Muñoz et Phil Edwards) en 1961. Cette “planche à roulettes” eut du succès jusqu’en 1970, puis revint à la mode dans les années 1980 jusqu’à nos jours. Elle peut servir à se déplacer, mais surtout à réaliser des figures (“tricks”) de toutes sortes, en environnement urbain (appelé “street”) ou dans des parcs spécialisés, les skateparks.

Ski freeride : Le freeride à son origine est une manière de pratiquer un sport (ski, snowboard, VTT, motocyclette, scooter des neiges, etc.) hors de tout cadre formel dans de grands espaces naturels et vierges, avec prise de risque et absence de compétition. Au fil des années, les différentes disciplines, dont le ski, ont fini par se formater. Aujourd’hui il existe du matériel spécifique, des compétitions, des freeriders professionnels ainsi que des lieux aménagés pour la pratique de masse qui se développe principalement en montagne.

Ski freestyle : En ski, snowboard ou sur tout autre engin de glisse, le freestyle est une pratique qui consiste à faire des figures en l’air. Les skis freestyle permettent toutes les fantaisies sur neige ou dans les airs.

Skicross ou skiercross : Il est né à la fin des années 1990 aux États-Unis, où ont été créés les premiers Winter

X Games. En 2003, le skicross est reconnu par la Fédération internationale de ski (FIS) et est intégré à la catégorie “freestyle” (ski acrobatique). Le principe du skicross est assez simple. Inspiré du motocross, il consiste en une course le long d’un parcours d’environ 600 mètres et de 33 % d’inclinaison, composé de divers éléments naturels ou artificiels comme les bosses, les courbes relevées ou les tremplins. Les riders s’affrontent quatre par quatre et le premier arrivé a gagné.

Snowboard : Littéralement “planche à neige”. Le snowboard, ou “surf des neiges”, est un sport de glisse sur neige inspiré du surf des mers. Il se pratique sur une planche sur laquelle le “snowboarder” a les pieds attachés en travers.

Ce sport, qui s’est développé aux États-Unis au début des années 1980, a connu un développement ultra rapide. Aujourd’hui, on lui connaît plusieurs types de pratiques : la pratique alpine, sur des pistes comme celles du ski alpin ; le freestyle généralement pratiqué dans des snowparks où l’on retrouve des modules type skateparks ; et enfin la pratique freeride qui a lieu en milieu hors pistes.

Speedriding : Le speedriding est un sport associant le ski, le parapente et le parachutisme, dont le principe est de descendre les pentes enneigées équipé d’une paire de skis, d'une sellette et d'une voile de faible surface, en alternant la glisse et le vol. Le principe est d'aller “rider” des endroits qui ne sont pas accessibles aux skieurs.

Stand up paddle : Une planche de surf aménagée, plus lourde, plus stable qui permet de naviguer debout et d'avancer à l'aide d'une rame. On peut ainsi aller chercher des vagues qui éclatent loin du rivage et, bien sûr, les surfer.

Streetbasket : Apparu aux États-Unis, le basket de rue a connu un succès qui n'a cessé de s'élargir et la France n'y a pas échappé. Il ne nécessite presque aucun équipement : le terrain peut être un parking, une place… Les règles sont plus souples que celles du basket traditionnel et on le pratique souvent sur fond musical. Il est souvent associé aux graphes et au freestyle puisque, dans cette pratique, la priorité reste la beauté du geste.

Surf : Le surf, que l'on dit parfois être l'un des plus vieux sports du monde, est apparu dans l'océan Pacifique en Polynésie. Il consiste à glisser sur une vague en se maintenant debout sur une planche et en exécutant des manœuvres. Ce sport de glisse se pratique avec une planche dont la longueur peut varier en fonction de la taille des vagues.

Surf tow-in : Discipline du surf qui permet au surfeur d'être tracté par un jet-ski afin d'atteindre et de surfer les grosses vagues souvent impossibles à prendre à la seule force des bras.

Tennis ballon : Sport qui consiste à jouer au football sur un terrain de tennis (en simple, double ou triple), en se faisant des passes au-dessus du filet.

VTT de descente : Le VTT de descente (aussi dénommé "downhill") est une discipline sportive dans laquelle le but est de descendre des pistes spécialement conçues. Le coureur doit faire preuve d'engagement, de technicité et posséder un sens aiguisé du pilotage pour affronter les racines, dévers, bosses, sauts et autres obstacles naturels rencontrés lors d'une descente.

Crédits photos :

P. 57 : Getty images/AFP/Stefan Postles ; p. 58 : AFP/Marcel Hochet ; p. 59 : Tristanshu.com ; p. 60 : Getty Images/Joerg Mitter/Euro-Newsroom/AFP ; p. 61 : AFP/Armend Nimani ; p. 62 : AFP/Odd Andersen ; p. 63 : AFP/Hector Mata.

Achevé d'imprimer en janvier 2010 par l'Imprimerie Floch à Mayenne pour le compte des Éditions Actes Sud, Le Méjan, Place Nina-Berberova - 13200 Arles
Dépôt légal première édition : février 2010. Numéro d'impression : 75686.
Imprimé en France.